मुक्तकंठ से

अँधेरे पर प्रकाश

अभिनव प्रकाश उपाध्याय

मुक्तकंठों को समर्पित

क्रम-सूची

क्रम-सूची

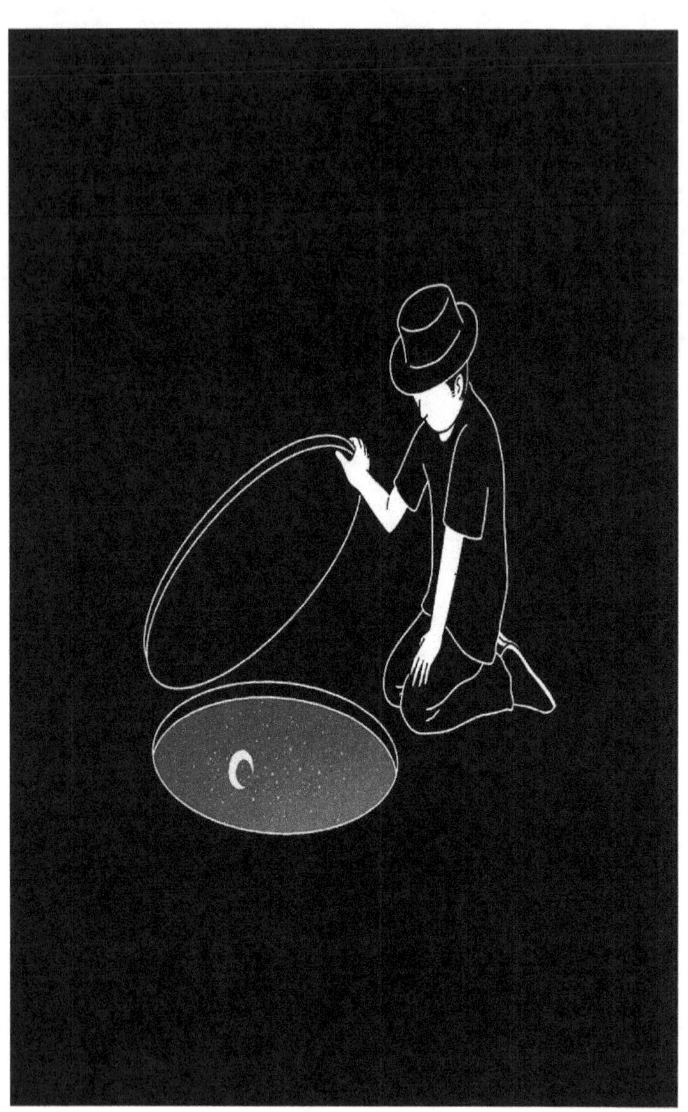

By the same author:

Tarun Mimansa

All the images, graphics and illustrations has been taken from Pixabay.

Cover image from PIXABAY

Book Design By: Ashwani Jaiswal

Typed by: Ashwani Jaiswal

Contact:

Email: ashwani7059@gmail.com

Instagram: @ashwinjaiswal99

Twitter: @ashwinjaiswal99

<u>भारतीय संविधान की प्रस्तावना</u>
" हम, भारत के लोग,
भारत को एक
सम्पूर्ण प्रभुत्व संपन्न, समाजवादी, पंथनिरपेक्ष, लोकतंत्रात्मक
गणराज्य
बनाने के लिए और
उसके समस्त नागरिकों को

सामाजिक, आर्थिक और राजनीतिक न्याय,
विचार, अभिव्यक्ति, विश्वास, धर्म व उपासना की स्वतंत्रता,
प्रतिष्ठा और अवसर की समता
प्राप्त कराने के लिए तथा
उन सब में व्यक्ति की गरिमा और
राष्ट्र की एकता तथा अखंडता
सुनिश्चित करने वाली बंधुता बढ़ाने के लिए

दृढ़ संकल्प होकर अपनी इस संविधान सभा में आज दिनांक 26 नवंबर 1949 ई. (मिति मार्गशीर्ष शुक्ल सप्तमी, संवत् दो हजार छह विक्रमी) को एतद द्वारा इस संविधान को अंगीकृत, अधिनियमित और आत्मार्पित करते हैं। "

अभिव्यक्ति की स्वतंत्रता

अभिव्यक्ति की स्वतंत्रता (freedom of expression) या वाक स्वतंत्रता (freedom of speech) किसी व्यक्ति या समुदाय द्वारा अपने मत और विचार को बिना प्रतिशोध, अभिवेचन या दंड के डर के प्रकट कर पाने की स्थिति होती है। इस स्वतंत्रता को सरकारें, जनसंचार कम्पनियाँ, और अन्य संस्थाएँ बाधित कर सकती हैं। मानवाधिकारों की सार्वभौम घोषणा के अनुच्छेद 19 में प्रयुक्त 'अभिव्यक्ति' शब्द इसके क्षेत्र को बहुत विस्तृत कर देता है। विचारों के व्यक्त करने के जितने भी माध्यम हैं वे अभिव्यक्ति, पदावली के अन्तर्गत आ जाते हैं। इस प्रकार अभिव्यक्ति की स्वतंत्रता में प्रेस की स्वतन्त्रता भी सम्मिलित है। विचारों का स्वतन्त्र प्रसारण ही इस स्वतन्त्रता का मुख्य उद्देश्य है। यह भाषण द्वारा या समाचार-पत्रों द्वारा किया जा सकता है। अभिव्यक्ति की स्वतंत्रता में किसी व्यक्ति के विचारों को किसी ऐसे माध्यम से अभिव्यक्त करना सम्मिलित है जिससे वह दूसरों तक उन्हे संप्रेषित(Communicate) कर सके। इस प्रकार इनमें संकेतों, अंकों, चिह्नों तथा ऐसी ही अन्य क्रियाओं द्वारा किसी व्यक्ति के विचारों की अभिव्यक्ति सम्मिलित है।

भारतीय संविधान वाक-स्वतंत्रता और अभिव्यक्ति-स्वातंत्र्य की प्रत्याभूति देता है। किंतु इस स्वतंत्रता पर राज्य द्वारा युक्तियुक्त निर्बन्धन इन बातों के संबंध में लगाए जा सकते हैं (क) मानहानि, (ख) न्यायालय-अवमान, (ग) शिष्टाचार या

सदाचार, (घ) राज्य की सुरक्षा, (ङ) विदेशी राज्यों के साथ मैत्रीपूर्ण संबंध, (च) अपराध-उद्दीपन, (छ) लोक व्यवस्था, (ज) भारत की प्रभुता और अखंडता(16वां संविधान संशोधन 1963 से जोड़ा गया)।

प्रस्तावना

समाज, धर्म, प्रथा, कला, विज्ञान, देश तथा समग्र संसार या किसी भी चीज़ के विकाश और सुधार हेतु सबसे अधिक आवश्यक है उसकी आलोचना और इसी प्रकार मानव प्रजाति के बौधिक तथा संपूर्ण रूप से विकाश और विस्तार के लिए उनका आलोचनात्मक होना अनिवार्य है, आलोचनात्मक होने के लिए जितना जरूरी है विभिन्न दृष्टियों से सोच समझ पाने की क्षमता और निस्पक्षता उतना ही जरूरी है आलोचन करता का मुक्तकंठ होना।

और इसी आलोचनात्मकता पर आधारित है अभिनव प्रकाश उपाध्याय द्वारा लिखी यह किताब, मुक्तकंठ से: अँधेरे पर प्रकाश।

यह किताब कुछ आलोचनात्मक कविताओं

का संग्रह है। ऐसी कविताएँ जो की समाज के विभिन्न अंगों की बात करती है, समाज में चली आ रही कुरीतियों- नीतियों की निंदा करतीं हैं साथ ही समाज के कुछ पिछड़े विचारों की सुधार की मांग करती हैं वही देश दुनिया की कुछ बातों पर प्रकाश डालती हैं। वहीं कुछ कविताएँ युद्ध के प्रभाव से होने वाले क्षति पर भी नज़र डालती हैं और मानवता से गुहार लगाती हैं, आगे बढ़ने की विकसित होने की, संवेदनशील होने की, सहानुभूतिशील होने के, सभी चीजों के परे सर्वप्रथम मानव होने की। मानव अपने जीवन में जिस प्रकार की परिस्थितियों से गुजरता है और जिन चीजों को देखता है

उससे उसका अपना विचार और समझ

विकसित होता है और वर्तमान जो स्थिति है जहाँ बौधिक विकाश को सीमित कर देने की पुरजोर प्रयास हर तरह से किया जा रहा है वह भयावह प्रतीत होता है। हमे लगता है जब तक

हर एकचीज़ को अपने ढंग से सोचा, समझा, परखा और बोला नहीं जाएगा तब तक विचारों का बढ़ पाना किसी क्षेत्र या देश या परिवार, समाज में संभव नहीं। जबरदस्ती विचारों के थोपने से समाज आगे नहीं बढ़ सकता।

मैं आभारी हूँ सभी लोगों का जो मददगार रहें हैं इन कविताओं के किताब बनने में।

साथ ही मैं आशा करता हूँ की आप सभी अपना सुझाव, प्रेम व आलोचनाएँ मुझे भेजेंगे क्योंकि जैसे पहले ही कहा की किसी भी कला का बिना उसके आलोचना के सुधार और विकाश संभव नहीं।

अभिनव उपाध्याय
कोलकाता

रघुपति राघव राजा राम

पतित पावन सीता रामईश्वर अल्लाह तेरो नाम

सबको सन्मति दे भगवान

1. गिद्ध- कौवे का शीत युद्ध

हाड़-मांस एक में लिपटा है,
और कौवे उसमें से भी नोच खा रहे हैं।
शरीर चलने की अवस्था में नहीं,
मस्तिष्क में रक्त का संचार रुक चुका है।
परंतु फिर भी कम नहीं है,
ये पतली चमड़ी, सूखे हाड़ वाला,
जो कुछ दिमागखऊकों से प्रभावित हो कर,
दिन पर दिन नरभक्षी बनते जा रहा है।
भाग खड़ा हो पीपल का भूत,
जिसके मात्र डाल पर आ बैठने से,
वैसा ये पक्षी बनते जा रहा है।
कुछ को ये नोचता है ,
कुछ दूसरों को नाचते हैं,
और इन सब पर,
घात लगाये बैठा है कौवा,
जो इन सबको नोचता है।
नहीं, कौवा भी स्वतंत्र नहीं है,
उसपर नज़र टिकाए बैठा है गिद्ध,
जो स्वयं को इनका स्वामी समझता है।
जो कभी इच्छा-अनुसार नोचने का आदेश देता है,

तो कभी नोचे हुए मांश का कर वसूलता है,
क्युकी जमीन पर उसका आवा-गमन कम है।
अकसर वो अपने आकाश में लगे सिंहासन पर झूलता है।
फिलहाल जमीनी कारोबार कौवे ही सम्हालते हैं,
गिद्ध महाराज सिर्फ आकाश में सिंहासन पर झूलते हुए,
सभी पर बस निगाहें डालते हैं।
क्युकी अपने धाक पर,
अपने अन्य गिद्ध मित्रों और
उनके परिवार जनो को भी पालते हैं।
इस प्रकार वे गिद्ध समुदाय के,
जन (गिद्ध) कल्याण का कम करते हैं।
परंतु शायद गिद्ध को यह आभास नहीं,
की ये कौवे विश्वास के पात्र नहीं हैं।
यह ताक में बैठे हैं,
जो अवसर मिलते ही,
गिद्ध की संपूर्ण प्रजाति को ही विलुप्त कर देंगे।
खैर इस गिद्ध-कौवे के शीत युद्ध में जो भी हो,
चाहे कौवे एक दिन गिद्धों को विलुप्त कर दें,
या फिर चाहें गिद्ध इन कौवों पर अपना धाक जमाये रखे,
परंतु दिमागखऊकों से प्रभावित,
इस पतली चमड़ी, सूखे हाड़ वाले नरभक्षी का,
नोचा जाते रहना निश्चित है।

2. अंधेर के आकाश में

अंधेर के आकाश में,
पिघलते मोम के प्रकाश में,
देख देश लूट रहा है,
उद्योग के विकाश में।
कट रहे है,
छट रहे है,
जात पात में बट रहे है,
आधी रोटी फेंकी राजा ने,
रंक उसमें ही सिमट रहे है।
ज्ञान का हनन हो रहा,
मति मारी जा रही,
शाम को बेटी निकली,
रात घर नहीं लौट पा रही।
अज्ञान और अभद्रता से,
धन की चादर ओढ़ के,
प्रमुख बने ये लोग देख,
सिष्कियों में ठहाके लगा रहे है।
अपनी निर्लाजता छिपाने को,
देश का हाल ये बता रहे है।
अरबों की जनसंख्या को,
चार लोग पढ़ा रहे है।
हो अगर विरोध तो,

ये विद्रोह कहवा रहे है।
उभरते हुए सच को,
जड़ काट जमीन में दबा रहे है।
संस्कृति बेच आ गए,
अब देश बेच खा रहे हैं।
आज का पता नहीं,
कल के सपने दिखा रहे है।
दो दिन का देशप्रेम,
फिर साल भर अवकाश है।
क्या कहेंगे राजाजी यही तो विकाश है।
अंधेर के आकाश में,
पिघलते मोम के प्रकाश में,
देख चोर बैठा है,
राजा के लिबास में।

3. झूला झूलता सत्य का प्रेत

काला कोट,

झूठ सफेद,

साफ दिखता खाकी में भेद।

हृदय काला रंग श्वेत,

झूला झूलता सत्य का प्रेत।

पट्टी काली आँख पर,

धन मुठी में फिर क्या डर।

हाथ तराजू लोहे का,

हर शब्द सत्य इस दोहे का।

उचित अनुचित,

बात अनमोल,

न्याय बिक रहा माटी के मोल।

हर सत्य में असत्य छुपा,

हर सीधी दिखती राह गोल।

पर्दे तले चल राख तोल,

रे मुर्ख अधर्म का जय बोल।

प्रमाण नहीं बातों का,

कथा सुना दी जाएगी।

तु पर्दे तले राख तोल,

सत्य की हर साख मिटा दी जाएगी।

खाकी, कोट या दलाल मोट,
साफ दिखे हर चीज़ में खोट।
काजू किस्मिस दांत से,
सिल पर अखरोट।
जाँच पड़ताल,
लाख सवाल,
सब में हो जाएगा झोल,
झूठ का बाजा,
झूठे का ढोल,
चल थोड़ा पर्दे तले राख तोल।

4. जी हुज़ूरी मुझे ना गवारा

अशरफियों का कालीन तुम्हारा,
प्रधान ये बुद्धि हिन तुम्हारा।
पद कलंकित कर जिसने,
हर रोज़ खुदको है सँवारा।
कुछ मंद बुद्धि के फैसलों से,
हुआ समग्र साम्राज्य बिचारा।
सहन शक्ति अब नष्ट हुई,
फुट उठा विरोध का फवारा,
अब चाहे प्राण भी मेरे हर लो तुम,
करूँ जी हुज़ूरी मुझे ना गवारा।
धन्यवाद प्रधान तुम्हारे को,
सभी यातनाओं ने मुझे सँवारा।
उठ चुका हूँ पात से तुम्हारे,
ग्रहण न होगा अब एक अन्न दुबारा।
चिंता मेरी त्यागो तुम,
ढूंढो अब अपना सहारा,
प्रतिष्ठा तुम्हारी अब है भी क्या?
अवसेस पड़े है उसके बस,
जो बिक गयी,
चाप्लुसो के द्वारा।

लोभी -भोगी स्वयं का प्राण प्यारा,
प्रधान ये बुद्धि हीन तुम्हारा।

5. यही तो लोकतंत्र है

दमन कहीं भी दिखता,
आवाज़ को बुलंद करो,
यही तो लोकतंत्र है,
इन मुठी भर गिदडो से,
तुम जरा भी ना डरो।
गलत को अंकित करो,
अधिकार मांगो खुल के,
प्रश्न है तुम्हें पूछना,
मौन ना धारण करो,
कर्तव्य अपना भूल के।
जो शीश बिक चुके है,
उन्हें चीखने दो जोर से,
बस तुम भर दो एक हुंकार की,
यह शोर सारा मिट जाए।
जला दो लोकमत का नया दीप की,
अंधकार सारा मिट जाए।
सुन लो यह ललकार की,
पारित करो वह जनादेश,
जिसमें एकता अखंडता
का रूप प्रिय दिख जाए।
दिख जाए दमन कहीं,
आवाज़ को बुलंद करो,

यही तो लोकतंत्र है,
तुम बोलने से न डरो।

अभिनव प्रकाश उपाध्याय

6. हो खड़ा और चिल्लाओ जोर से

जब तक नहीं छाती में धधकती ज्वाला,
एकाधिकार उठा फेंकने को,
तब तक ये मजबूर रहेंगे,
अपने ही लहू के दिये पर हाथ सेंकने को।
उदारता मान बैठें हैं जो,
कभी कभार उनकी जूठी रोटियाँ फेंकने को,
हनन होता रहेगा इनके अधिकारों का,
और यह मजबूर रहेंगे,
चुप खड़ा हो अपने समक्ष यह सब होते देखने को।
है समय अभी भी,
सब कुछ अपना भाग्य न समझो,
वर्षों से धारण की हुई यह चुपी तोड़ो,
हो खड़ा और चिल्लाओ जोर से,
"घर भेदीयों हमें आपस में बाटना छोड़ो"।

अभिनव प्रकाश उपाध्याय

7. गीत एक ही सुना रहे हैं

एक राजा,

दो उत्तराधिकारी,

कुछ सैनिक और कुछ प्रांत पाल

और उनके लाल-भाल साथ ही कुछ साहब्जादे,

जो सब मिल कर के बीन बजा रहे है,

एक ही धुन पर असंख्य कोटि मस्तकों को थिरका रहे हैं।

हैं सारे के सारे ये कपटी,

जो खुदको प्रियतम बता रहे हैं।

भले राग बदल गाते हों,

पर गीत एक ही सुना रहे हैं।

कम नहीं हैं दीमक से ये भी,

जो धीरे अंदर ही अंदर खाये जा रहे हैं।

8. हड्डियों से जलते अलाव में

जो लोग समाज को भटका रहे हैं।

वही कुछ लोग जो समाज की सोच को अटका रहे हैं।

हाँ वही लोग जो समाज से उठती आवाज़ों को हर रोज़ पैरों
तले दबा रहे।

हाँ है ये वही लोग जो समाज से हर छण समाज को लड़ा
रहे है।

कितने शान से बैठें है,

कितने आराम से खा रहे है।

स्वास्थ, विकाश, शिक्षा के नाम पर दाँत निपोरे जा रहे हैं।

अपने सियशत की खिचड़ी धर्म जात भेद भाव के आंच पर
पका रहे हैं।

सैक्डो कोटि आँखो पर जो,

वादों और सपनो का जाल फेकते है,

जो एक दूसरे पर कीचड़ उछाल फेकते है।

है ये वही लोग जो सर्दी की रातों में,

मजदूरों की हड्डियों से जलते अलाव में,

नोटों की गड्डियाँ जला कर के गाल सेकतें हैं।

कोई चूँ मात्र सत्य बोल दे,

तो सीधे देश से निकाल फेकते हैं।

कैसे हैं ये निर्लज,

किसी की खून की कमाई जो छिन खाते हैं,
फिर उसके ही आँखों में आँखें डाल झूठ बोलते हैं।
ये कैसे गिध्ध है जो मुर्दों की जेब टटोलते हैं।
महीने भर द्वार द्वार घूमते हैं,
फिर अगले पाँच साल नहीं अपना द्वार खोलते है।

९. भारत का हूँ, भारत मेरा, मैं भारतीय हूँ

धर्म,वर्ण, मेरा जात न पूछो,

इतनी छोटी बात न पूछो।

भारत का हूँ,

भारत मेरा,

मैं भारतीय हूँ।

अब क्या इससे भी अधिक पहचान देना होगा,

क्या पेट पालने के लिए अपना स्वाभिमान देना होगा।

अब यह भी बताना होगा की,

एक जोड़ी पहनता हूँ,

एक पीठ पर ढोता हूँ,

एक वक्त ही खा पाता हूँ,

एक वक्त पेट दाब के सोता हूँ।

क्या हर एक बात बताना होगा?

अच्छा, अपना हक पाने के लिये जात बताना होगा।

क्या अब भारतीय होने के लिए धर्म बताना होगा?

मुझे अपनी जननी से कितना प्रेम है,

इसका सबको लिखित प्रमाण दिखाना होगा,

सिर्फ इसलिए क्युकी मेरे पिता मेरे शहर की गलियाँ साफ

रखते हैं,

क्या मुझे अपने दोस्तों से उनका काम छुपाना होगा?

क्या मुझे अपने पिता का नाम छुपाना होगा?
अच्छा छोड़ो ,अब यह बताओ,
क्या वे सच में हमारा सब कुछ नियंत्रित करेंगे?
खाना पीना, उठना बैठना, पहनना ओढ़ना, आना जाना,
रोना धोना, चलना फिरना, जीना मरना,
हँसना बोलना तक नियंत्रित करेंगे वे?
और तो और क्या वे लोगों की पसंद तक को नियंत्रित
करेंगे?
क्या सच में वे ऐसा करेंगे?
मेरे कुछ साथी हैं जो ये अलुल् जलुल बे फिसुल् की बातें
करते रहते हैं।
मुझे तो कुछ समझ ही नहीं आता,
कुछ भी बड़बड़ाते रहते हैं वे लोग।
मुझे समझ नहीं आता तो,
लगता है शायद सच में यह बातें अलुल्
जलुल बे फिसुल् ही हैं।

10. धर्म के ठंड में

कुछ कदम ताल,
कुछ भेड़ चाल,
बन कर मताल,
जो चल रहे है टेढ़ चाल,
कह दो उन्हें,
हमें साफ समझ आता है,
उनका यह डेढ़ चाल।
धर्म के ठंड में,
जहाँ लोग ओढ़ाये जा रहे है,
हिंसा का शाल।
जहाँ हर दिन होता गणतंत्र बेहाल,
फिर भी न लोग करते बवाल,
वह सपूत साहसी है कहाँ?
जो पूछे सत्ता से सवाल।
इस अंधकार में चल सके जो,
अकेले हाथ में थामे मशाल।
जो पूछ सके प्रश्न ऐसे,
जिसे सुनते ही लोग कहे,
"अरे इसकी यह मजाल"!
जिसके शब्द मात्र से ही,
आ जाए सत्ता के सहर में भूचाल।
लोकतंत्र में विकल्प बहुत है,

हटो राजा की जनता लेगी सिंहासन संभाल।

स्वयं जल कर भी,

जिसने यह क्रांति लाई,

स्वर्णिम अक्षरों में देगा,

इतिहास उसकी मिशाल।

यह राजनीतिक रंग,

यह भेद रंग,

जो लाया रंगने को श्वेत रंग,

हर रोज़ बदलता सत्ता का ढंग,

जब समझ आने लगे हर एक व्यंग।

यह व्यंग ही तो क्रांति का उमंग भरेगा,

इन रंग के खेलों में,

जब हृदय पर श्वेत रंग चढ़ेगा,

तब जा कर यह राष्ट्र हमारा,

हमारे पूर्खों के कल्पना का देश बनेगा।

11. कौन है क्षितिज पर आतुर

मिट रहे है लोग,

कुछ लगे है मिटाने को।

कौन है क्षितिज पर आतुर वह खडा अकेला,

शनै शनै जो बढ़ रहा जग जीत लाने को।

चुप बैठें है कई लोग

कुछ खड़े है चुप कराने को।

कौन है वह साहसी अकेला,

चिखता आवाज उठाने को।

गूंजती एक सुर अकेली,

लगे है लोग दबाने को।

पढ़ रहे है अरबों,

मुठी भर खड़े पढ़ाने को।

कुछ शीशे है अरबों में,

कुछ को आईना दिखाने को।

झुंड है कोई पराया अपना जताने को,

भीड़ है कहीं अपना-पराया बताने को।

बाटते कुछ लोग,

उत्सुक कई बट जाने को।

कौन है क्षितिज पर आतुर,

वह खडा अकेला घृणा मिटाने को,
शनै शनै जो बढ़ रहा जग जीत लाने को।

12. तुम्हें नोच खायेंगे

बिके मस्तकों का शोर मत सुनो,
यह तुम्हें बेच खायेंगे।
सत्य की तलाश है तो,
इनकी सुनते हो क्यों?
इन्हें पता कहाँ है सत्य,
जो यह तुम्हें बतायेंगे।
शोर के सैलाब में,
आँख खोल कर चलो,
की तुम्हें नोच खायेंगे,
बैठे है गिध्ध भीड़ में जो।
शोर को मत सुनो की,
शूर बन न पाओगे।
जो शोर तुम भी हो गए तो,
भीड़ में, भीड़ सा, भीड़ ही,
बन कर रह जाओगे।
सिद्धांत है यह भीड़ का,
लहू दूसरे का पियोगे,
मांस खुदका खाओगे,
खुदकी चमड़ी का ढोल होगा,
गीत उसका गाओगे।
शोरें को मत ढूंढो,
शोर निर्दयी बहुत,

तुम देख न पाओगे।
देखने की तो छोड़ो,
शोर चीखता बहुत,
उसके आवाज़ का दुर्गंध,
तुम सह न पाओगे।
शोर है ही जादुई,
तुम भरम जाओगे।
वह जो शोर सांप्रदायिक,
मैं उस शोर को नकारता हूँ।
वह जो शोर संवेदन हीन,
मैं उस शोर को फटकारता हूँ।
यदि शोर ही उपाय है,
तो मचा दो शोर क्रांति का।
वह शूर ही पूज्य होगा,
जो शोर करेगा शांति का।
बिके मस्तकों का शोर मत सुनो,
यह तुम्हें बेच खायेंगे।
की शोर के सैलाब में,
आँख खोल कर चलो,
बैठे है गिध्ध भीड़ में जो,
तुम्हें नोच खायेंगे।

13. ये मुर्ख समझते ही नहीं

ऐसी लीला करते हैं महाराज मेरे,

जो स्वयं श्री कृष्ण भी न रच सके।

इतने प्रेम से गला रेत ते है,

क्या मजाल भला किसी की,

जो उनके तिलस्म से बच सके।

सिर उठा, सीना फुला मतवाली चाल चलते हैं।

ये लल्लू पंजु लोग बेवजह उनसे जलते है।

पैरों तले दुर्बा के साथ असंख्य लोगों के स्वप्न भी कुचलते है।

सनकी हाथी भी काँप उठते है।

जब महाराज मेरे टेढ़ी चाल चलते हैं।

मुंह बाय प्रजा के,

न जाने कितने सुबह, कितने शाम ढलते है,

ये मुर्ख समझते ही नहीं,

इनके निवारण हेतु ही तो महाराज,

अपनी गद्दी छोड़ माह माह तक,

विदेशों में टहलते है।

14. धर्म के आड़ में

कुछ धन्य हैं,

कुछ धान्य हैं,

मुझे कुछ नीतियाँ अमान्य हैं।

कुछ मेरे देश का,

कुछ मेरे देश के समुदायों का,

जिनका हृदय न वेदित् होता है,

देख कष्ट असहायों का।

कुछ प्रश्न पूछना चाहता हूँ,

अक्सर मैं खड़े कान से,

समाज को आहता हूँ।

मैं बस इतना ही जानना चाहता हूँ की,

क्या राम, कृष्ण, हनुमान लला ने,

या फिर ईसा मसीह या अल्लाह ने,

क्या किसी संप्रदाय पर लांछन लगाया?

या किसी समुदाय का अस्तित्व मिटाया?

मैं जहाँ तक जानता हूँ,

न तो गुरु नानक देव जी ने घृणा सिखाया,

नाहीं भगवान बुद्ध या स्वामी महावीर ने,

हिंसा का मार्ग बताया।

है समझ जहाँ तक मेरी,

न तो मुहम्मद साहब ने शिया सुनी बाटों,

ना कभी प्रभु ने गोत्र वर्ण जात में छाँटा।

तो ये कुछ लोग,

जो हमारे अंदर घृणा की आग लगा कर,

उसके लव पर अपना खाना बना रहे हैं।

बड़े अकड़ से जो खुदको,

धर्म के रक्षक बता रहे हैं।

पूछो उनसे जरा,

क्या वे समझते हैं अर्थ, उस कुरान, उस गीता का,

दंगाई बन गए बेटे जिनके,

क्या समझते हैं ये दर्द उस पिता का?

क्या समझा कभी मोल इन्होंने

जलती हुई एक चिता का?

पूछो कभी इन अईठनबाज़ों से,

क्या समझते हैं अर्थ ये ,उस कुरान, उस गीता का।

नहीं लगता मुझे की,

कहीं भी लिखा है,

पकड़ किसी का धर्म बदल दो,

दुसरें समुदायों को,

पैरों तले दुर्बा सा दल दो,

किसी एक कमजोर को,

जितना हो सके उतना कुचल दो।

छनिक लाभ और मिथ्या अभिमान के लिए,

जो यह दरार फैलाया जा रहा है,

जिस तरह की मानसिकता को बढ़ाया जा रहा है,

बड़े शर्म की बात है यह की,

धर्म के आड़ में,

मानवता को मिटाया जा रहा है।

15. इन सड़ते दिमागों से

जहाँ कल, छल, दुर्बुद्धि प्रबल,
भला वहाँ कैसे न हो लीचड़ता सफल।
देखो गौर से कितना अधिक अयस्क,
इस साँचे में ढल रहा है।
कैसे पसीज रहा है विचार,
और दिमाग़ गल रहा है।
इन सड़ते दिमागों से जो आता दुर्गंध है,
अब लोगों को समान्य लगने लगा है।
यूँ ही नहीं संपदा के समक्ष साक्षरता इन्हे, अमान्य लगने
लगा है।
तो अब जब शिक्षा अमान्य है,
तो भला विचार कैसे शुद्ध होगा।
न जाने कैसे, ये विश्व गुरु प्रबुद्ध होगा।

16. पाप कृत

अगर हुआ यह रण तो बड़ा भारी होगा,
सिर्फ युद्ध नहीं होगा यह एक महामारी होगा।
और जो दूर खड़े दात चिहारे देख रहे हैं,
डींगें हांक रहे हैं और लंबी लंबी फेंक रहे हैं।
क्षति सबसे अधिक उन्हें ही होगा,
जो कन्नी काट रहे हैं और बोलने से डरते हैं।
भूल रहे हैं यह इतिहास गवाह है,
चुपी साधने वाले अक्सर अधिक हर्जाना भरते हैं।
अगर हुआ यह रण तो बड़ा भारी होगा,
मातम होगा हर कोने में, बेबसी और लाचारी होगा।
जो लड़ेंगे,कटेंगे वे तो मरेंगे ही,
पर जो बचेंगे वे भी अर्ध मृत होंगे।
इस छण चुपी और गुमसूदगी सभी पक्षों के पाप कृत होंगे।

17. सब का नाम दर्ज होगा

एक सनकी जो अपने मिथ्या अभिमान को लिए,

मानवता पर वार कर रहा है।

चार गज जमीन के लिए जो नरसंहार कर रहा है।

वह तो धूर्त है ही,

और उससे भी बड़ा धूर्त है वह जो,

उस मनबढ़ू के मनमानी को धूर्तता कहने से डर रहा है।

मुंह छुपा न सकेंगे ये सब,

क्युकी कोई है जो एक एक अक्षर किताबों में भर रहा है।

और कल जब वे किताब पढ़े जाएंगे,

तो सभी धूर्तों के चेहरे साफ नज़र आएंगे।

उन सबके चेहरे होंगे उसमें,

जो हस रहे थे तब जब मानवता हरा जा रहा था।

उन सबके चेहरे होंगे,

उन सबके,

जिनकी खिलकरियाँ गूंज रही थी

तब जब एक नवजात क्षीर बगैर मरा जा रहा था।

वे सब जो सब कुछ देख मुस्का रहे थे,

बयान देने से घबरा रहे थे,

उन सब का नाम दर्ज होगा।

सर पर भविष्य का कर्ज होगा।

कर्ज इतना होगा की जीवित रहते तो चुका न पाएंगे।
और भविष्य का आक्रोश इतना होगा की,
मरणोप्रांत भी ये चिरकाल के लिए माथे पर थूके जाएंगे।

18. चौपटों का राज होगा

जहाँ कोई स्व ही न हो,
वहाँ कहाँ स्वराज होगा।
जिनकी नियत ही न हो,
उनसे भला कहाँ कोई काज होगा।
मृषा के विवेचकों का था कल,
मृषा के स्नेहियों का आज होगा।
जो अनृत अलंकृत करेगा,
उसके ही सर ताज होगा।
जीवित लासों के तरह सब होता देखेगा,
और सहेगा चुप रहते हुए वह।
नहीं कल्पना नहीं है यह,
जिस तरह की पराथितियाँ हैं।
जान पड़ता है,
कल ऐसा ही समाज होगा।
खैर उत्साहित हूँ मैं कल के लिए,
आखिर मेरे बचपन की कोई कथा जो सच होगी,
मृषा को अब शर्म, हया, न लाज होगा,
अंधेर हो चुके नगर में,
अंततः चौपटों का राज होगा।

19. या उसका पेट भरे

उस रोज़ बड़े शोर शराबे में,
और गाजे बाजे के साथ,
वे आये और उसके सबसे करीबी दोस्त को साथ ले गए।
शायद वह जाना न चाहती थी,
उसका रुदन भरा चीत्कार कलेजा चिरता था।
पर अब जब घर आंगन सुना छोड़,
सारे ठहाके खिलकरियाँ साथ ले उसकी बड़ी बेटी चली गयी
है दूसरों के आंगन,
तो उसकी विडंबना यह है की,
अपनी हड्डी बेच लेनदारों का बकाया चुका,
अपना गला छुड़ाये।
या उसका पेट भरे जो इसके हँसी को हड़पने के,
बावजूद निर्लजों सा बैठा है मुंह बाय।

20. रेंगती लाशें

लोगों को खदेड़ के मारना,

घरों को उजाड़ना,

भला यह भी कोई शूरता का काम है।

क्या इस तरह आतंक फैला अपनी नरता दिखाना चाहते

हैं?

या अपने हरकतों से मानवता को छोटा और मरता दिखाना

चाहते हैं?

क्या आपका उदेश्य लोगों के मन में डर बसाना है?

या नवजातों को अनाथ बनाना है!

या कहीं दोनों एक साथ कर दिखाना है?

पर अगर इन नवजातों को ही मारना था तो,

इतने हथियारों की क्या अवस्याकता थी?

सांप का जुठा दूध ही पिला देते।

और इन अधेड़ो के लिए भी,

हथियार नहीं चाहिए थे।

आप अपना ही जूठन खिला देते,

और वृद्ध तो कुछ दिनों में खुद-ब-खुद मर ही जाते।

वे मर जाते असमंजस और गुमनामी में,

कम-से-कम इतना हल्ला तो नहीं मचता।

बाद में इन बातों पर बात उठाने के लिए तो कोई नहीं

बचता।

पर अब देर हो चुकी है,

लोगों ने देख लिया है,
भले समझा नहीं है,
पर तस्वीरों और यादों में संजो भी लिया है।
अब उन्हें याद रहेगा सब कुछ,
आपने जो जो किया है।
अब जब कभी वे एकांत पड़ेंगे उनके कानों में मार्मिक चीखें
गूंजेंगी,
चीखें उन लोगों की जिन्हें बिना उनका भूल बताये
प्रताड़ित कर मार दिया गया।
अब जब वे वापस उन रास्तों से गुजरेंगे तो
उन्हें अपने लोगों की रेंगती लाशें दिखेंगी,
लाशें जिनकी अंतड़ियाँ बाहर झूल रही होंगी,
और मुंह के चीथड़े उड़ चुके होंगे धमाकों में,
पर इन सबके बावजूद भी वे पहचान लिए जाएंगे।
क्योंकि वे उनके अपने लोग होंगे,
और यदि उन लाशों में से किसी एक ने भी,
उठ अपने उस बिछड़े नवजात से यह कह दिया की,
"मैं उन धमाकों के बीच लाशों से घिरा टूटे मकान में
घुषपैठियों के डर से तुम्हें अकेला छोड़ नहीं भागा था।
उस रोज़ बाजार में मेरी हत्या कर दी गई थी क्युकी मैं
निर्दोष था,
और इन सभी लंबे जुबान वालों की
जीभ कट गयी थी उस वक्त
ये लोग मुंह पर ताला लगाए कैमरों में
मुझे मरता हुआ सहेज रहे थे। "
कह दिये यह शब्द अगर उस मृत पिता ने,
बचेगा न कोई एक तुम्हारा आग देने वाला

तुम्हारी चिता में,
खैर तुम्हीं बताओ कोई युद्ध जिसमें मानवता जीता है।

21. जोकर की छड़ी

विश्व पर सनक ऐसी चढ़ी है,

आपदा बन आ पड़ी है।

मिटाता कोई इतिहास कहीं पर,

कोई दोहराता हर एक कड़ी है।

सृजन था जिसका यह रोकने को,

ताबूतों में मुर्दों सी पड़ी है।

छावनी की खुटियाँ जो अब गड़ी हैं

लगता है अहम् के युद्ध में आकांक्षाएँ आ लड़ी हैं।

आर- पार तैनात सेनाएँ एक दूजे के सर काटने को खड़ी

हैं।

असंख्य कोटि इन नमूनों में,

कुछ गिने चुने पांच सात जोकरों के ही हाथ छड़ी है।

राक्षस के औलादों पर सनक विराट चढ़ी है,

और है भयावह उससे ज्यादा कहीं

की समकालीन नमूनों की बुद्धि इसी छण बंद पड़ी है।

अब जोकर छड़ी घूमता है,

और खेल शुरू हो जाता है।

नर्घट,जमघट द्वार पर खट- खट,

"खोलो हम घुस पैठिये आये हैं।

घबराओ मत तनिक भी,

यह सब सिर्फ एक खेल है।

यह देश, शहर, गली, घर,

यह आंगन तक अब सिर्फ एक जेल है।

जेल, जहाँ चुप रहे तो मारे जाओगे,

बोलोगे तो काटे जाओगे,

धीमे बोलोगे तो जूतों तले दबाये जाओगे,

चिल्लाओगे तो रंग- धर्म में बाटें जाओगे,

और एक बार जो बट गए तो फिर हमें क्या करना।

फिर खुद अपनो द्वारा घर समूह समाज से छांटे जाओगे,

माथे पर इनाम लिए, मौत का फरमान लिए

कागजों में दाँत निपोरे,

हर दीवार पर साटे जाओगे।

सुनो बंधु,

हाँ हालाँकि मैं घुसपैठिया हूँ,

पर स्वाभिमान मेरा नाम है।

बंदिशों में बांध कर, आज़ाद करना मेरा काम है।

बताता नहीं तुमको, पर तुम भले मानस नज़र आते हो।

और योग्य भी, हर बात में बुद्धि जो लगाते हो।

सुनो, बताता हुँ मैं तुमको एक भेद,

नहीं हैं इस जेल से भागने का कोई छेद।

पर घबराओ मत तनिक भी,

यह सब सिर्फ एक खेल है।

अगर तुम यह खेल छोड़ना चाहते हो,

यह जेल तोड़ना चाहते हो।

तो तुम्हें ढूंढना होगा जोकर को जिसके पास है छड़ी,

लाना होगा तुमको उसके पास छुपी वह घड़ी

जिसमें जनता की अक्ल है कैद पड़ी।

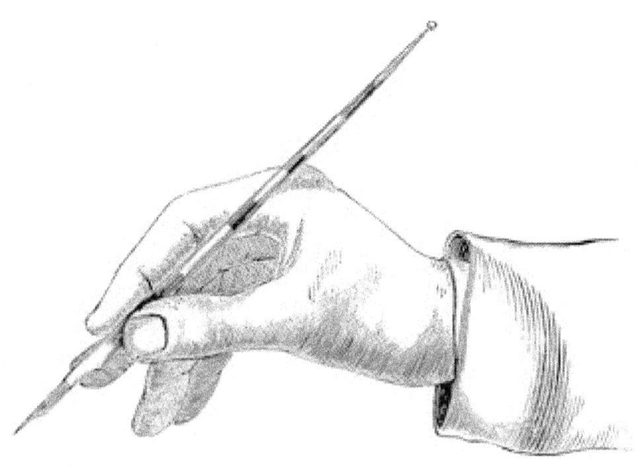

22. कठपुतलियों से भरा पथर का वन

नाचते हैं सर पर वे,
हमें आपस में बाँट कर।
तोंद हिलाये चल रहे हैं, हम सोये पेट जात कर।
कट्ठा- डांटा बिकवा दिया, घर भी गिरवी धर लिया।
दिन बदलने के आसार में, हमने भुखमरी से मर लिया।
चुपी थी हमारी, ऐसे ही नहीं इन्होंने अधिकार हमारा हर
लिया।
लकड़-सवार और उनके यार, जो हड़प रहे हैं सारा धन।
इस पक्षपात के विरुद्ध तु सशक्त कर माथे को अपने,
स्थिर कर तु अपना मन।
ओ रे, शांति के पुत्र तु क्रांति की आवाज़ बन।
नहीं बड़ी कोई कुर्सी है, जब एक जुट खड़ा हो जन।
आज प्रश्न है की,
क्यों सिर्फ वे पहनेंगे तीनखाप और हम सर्दी की भी रातों
में भी रहें नंगे बदन?
क्यों सर झुकाएँ उनके समक्ष, जिनके ठीक नहीं हैं चाल-
चलन?
लकड़बघे सारे धूर्त जिनका ठीक नहीं रहन- सहन।
उनकी बढ़ रही जनसंख्या, हो रहीं आबादी सघन।
क्या यह उदय है नव प्रविर्ति का,

या शालीनता का पतन?
खोखले विचार सारे, झूठे वादे, और खयाली जन,
सच कहो ये जीता जागता देश है,
या सिर्फ कठपुतलियों से भरा पथर का वन ।

23. आज़ाद लोगों का दुख

क्या सभी सफेद हैं, जो श्वेत हैं?

क्या सभी सतर्क हैं, जो सचेत हैं?

क्या सभी बेखबर हैं, जो अचेत हैं?

क्या सभी पूर्ण हैं, जो समेत हैं?

तुम बताओ दिखा कहीं कोई कभी जो न देत लेत है?

क्या सम्मान, ज्ञान, प्राण है बड़ा सिर्फ कहावतों में?

क्या असल में जो बड़ा है वह सिर्फ पेट है?

और गर यदि है ऐसा ही,

तो है नहीं उपाय क्यूँ जब इतनी ही बड़ी है भूख?

हर बार इन्हीं प्रश्नों पर जाते हैं क्यूँ नायकों के

मस्तकों में दौड़ते शिरों के नहर सूख?

ढोंगी और नौटंकियों की और उनके,

छटंकियों की तो सभी हैं सुनते।

पर अगर है प्रयास तुम्हारा सच में कुछ जानने को,

तो आओ मध्य और सुनो कथित तौर पर लोकतंत्र के

आज़ाद लोगों का दुख।

देखो कैसे कुछ अलज बैठें है जनता के कंधे,

पर और जन संवाद से चुरा रहे हैं मुख।

भागते हैं, भागने दो,

सभी जानते हैं की कैसे कर रहें है ये अपार सुख,

दाग तो लग चुका हैं,

बस अब देखना हैं की कब तक ये छुपा पाते हैं मुख।

24. क्रांति की आवाज़ बनो

जगे रहो की तुम अभी सफर में हो,

प्रवीण,प्रखर,नवीन हो,

है अगर कहीं मन में लालसा की,

पूर्णतः, संपूर्णतः, स्वाधीन हो,

तो क्रांति की आवाज़ बनो,

क्यूँ भुत के अधीन हो।

आंघुआओ नहीं की वे होते बड़े तीव्र हैं,

जो काटते महीन हो।

जगे रहो की तुम अभी सफर में हो,

आँख खोल कर चलो की अब तुम गांव नहीं शहर में हो।

अड़े रहो, खड़े रहो,

पर आँख मूंद सुस्त न पड़े रहो,

की अब शहर में हो, सफर में हो,

अनिश्चिकता के लहर में हो,

द्वेष- कलेश, भेद- भाव, से घिरे हुए

चमकते चेहरों की तिरछी मुस्कुराहटों से निकले शब्दों के

ज़हर में हो।

रोज़ माथा धो लिया करो की मलिनता के घर में हो।

दृढ़ता बनाये रखो की लक्ष्य के डगर में हो,

कानों में गुंजति आवाज़ों से दिमाग को बचाये रखो की

शोर के नगर में हो,

सतर्कता बनाये रखो की चोर के नज़र में हो।

सोच में, संकोच में,

अगर-मगर हर पर में हो,

प्रभात के पुकार में, एकांत भरे जेठ के दोपहर में हो,

वह नव रक्त जो उदय के ज्वर में हो

हो जाता है अजय वह नर जिसके हृदय की सारी वेदना

अगर क्रांति के स्वर में हो।

जो बढ़ रही संवेदना, जो बढ़ रही है चेतना,

कुछ लोग मसाले लिए आयेंगे, जिसमें चाहेंगे तुम्हें
लपेटना।

और कुछ आयेंगे चादर लिए और चाहेंगे तुमको एक मोटरि
में समेटना।

संभाल कर सचेत रहो,

मिलावट के इस युग में तुम अपने विचारों में मत कुछ
फेटना।

भले ही चिरकाल की पुकार हो,

पर तुम नहीं कभी करवटों पर लेटना।

वे ढूँढेंगे शहर की बंजर भीड़ में तुम्हें,

तुम उन्हें किन्हीं एकांत हरे पर्वतों पर भेंटना।

25. सर्वप्रथम योग्यता सिद्‍ध करो

यह कोई ददहस नहीं है तुम्हारा,
उठ खड़े हो सभी सभा- जन।
सर्वप्रथम योग्यता सिद्‍ध करो अपनी तब जा कर मिलेगा
कोई सिंहासन।
अधम कही का,
उस पर रौब जमाता है,
जिसके पास नहीं अपनी क्षुधा मिटाने को छिपा भर अन्न,
ना चीर ही है चार गज जो ढक सके अपना तन।
बस हुआ की अब किसी दुर्बुधि को नहीं लेने देंगे कोई
आसन्न।
राजाओं के सभी ललु- जगधर दाँत निपोरे रहो,
और यदि नहीं स्वीकार यह तो फिर आओ योग्यता सिद्‍ध
करो।
सिद्‍ध करो साहस, बल, बुद्‍धि,
सिद्‍ध करो है स्वच्छ विचार और करुण मन।
और यदि नहीं सिद्‍ध कर सकते तो,
फिर यह, तो कोई ददहस नहीं है,
तुम्हारा जो कभी उस पर बैठ कर,
दिन काटो तो कभी करो शवासन।

26. हमारी नई आदतें

शिक्षा, भिक्षा, खेल, जेल
हर एक चीज को व्यापार बनाना
नाटक के काले कड़ाही से उबलता हुआ झूठ निकाल गरमा-
गरम समाचार बनाना
और उसके सहारे मन का एक बड़ा दरार बनाना,
फिर व्यापार वृद्धि के लिए धर्म को हथियार बनाना,
बिन सर पैर की बातों को आधार बनाना
थोड़ा ज्यादा कम आदतन हमेशा तो कभी कभार बनाना
बड़ा भाता है हमें एक मन घी में चार फ़ारी आम का
आचार लगाना,
दीवार फांद दाखिल होने को घुसपैठ के बदले सार्वजनिक
द्वार बताना,
हर दूसरी आती लहर को ज्वार बताना
जीवन का सार बताना,
अंधे को संसार बताना,
हर तीसरे व्यक्ति को पकड़ जबरन आहार समझना,
अधिकार को उपहार बताना,
प्रश्नों को प्रहार बताना
जाल झकोरि को रोजगार बताना,
स्त्रियों को अबला और लाचार बताना,
और सुन्य गुना दो बराबर चार बताना,
न जाने कब बंद होगा

कर्मनासा से नहा कर निकले लकड़सुंघवों और लकड़बघों
को लकड़सवार बनाना।
एक खास रंग को चमार बुलाना,
कहाँ बंद हुआ आज भी एक खास तपके के लोगों को
बेगार बुलाना
खैर यह तो अब आदत है हमारी हर एक चीज़ को व्यापार
बनाना।

27. रोग शोषण का

खेतों में बिरहा गाने वाले,
दुर्बा से लदे मखमली,
पगडंडियों पर चलने वाले,
जेठ की गर्मी में सड़को पर,
पगड़ी बाँधे जल रहे है।
क्षुद्रों का दुसाहष् तो देखो,
महाराजाधिराज के नेत्रों में,
कैसे खल रहे है।
अन्न दाताओं के पूत,
भूखे पेट पल रहे है।
अरे! इसमें दोष क्या महाराज का?
वो तो बस मिथ्या का ढोल बजाते,
उड़नखटोले पर सीना ताने चल रहे थे।
क्यों लांछन मेरे नरेश पर,
इनसे पहले भूप कितने सफल हुए है?
दो वेवरा करो प्रमाणित,
स्वाभिमान बेचने में कहाँ,
प्रभु मेरे विफल हुए हैं।

28. सुरजमुखी के बीज

इससे पहले की तुम बालों से पकड़ कर ले जाओ मेरे लाश
को खींच,

यह लो रख लो अपने पास ये कुछ सुरजमुखी के बीज।

यह उस पौधे के बीज हैं जिन्हें मैंने बड़ा किया है अपने
रक्त से सींच,

लो रख लो इसे अपने बहुजेबिए कुर्ते के बाएँ जेब में हृदय
के समीप।

लो रख लो इसे,

ओ मेरे निर्बल सौतेली बहन के संदीप।

जाओ आगे बढ़ो रौंद दो मेरे रक्त से सींचे सुरजमुखी के
बगीचे को,

जला दो इस द्वीप को,

हाँ बुझा दो अब मेरे जीवन दीप को।

पर ओ मेरे प्रिये बहन के दुर्बल लाल,

बढ़ो आगे पर रखना हर कदम संभाल,

बिछा रहे हो जो पग पग पर औरों के इशारे से औरों के
लिए जाल,

ओ मेरे कायर पुत्र मुझे साफ नज़र आता है,

तुम्हारे सर पर मंडराता काल।

जाओ आगे की अब जब त्याग ही चुके हो मोह माया का
सब जनजाल,

कूच करो की प्रतिकक्षित है तुम्हारा वह पेड़ पर टँगा
कंकाल,
बहेंगी रक्त की नदियाँ इस प्रदेश में नहीं रहेगा कहीं सुखा
अकाल,
अभी भी एक अवसर है यदि चाहो तो सकते हो टाल।
यम के समक्ष मैं अब क्या ही झूठ बोलूँ,
मैं मेरा कर्तव्य निभाती हूँ,
चेताती हूँ तुमको तनय,
मैं देख पा रहीं हूँ तुम्हारा काल।
हाँ जानती हूँ तुम नहीं मानोगे,
कृतव्यबध हो तो ठीक है जाओ बढ़ो आगे।
पर इससे पहले की छोड़ भागे तुम्हारे साथी तुमको जो ले
जा रहे होंगे तुम्हारी लाश खींच।
और तुम इस माटी के उपज द्वारा,
गाड़ दिए जाओ इस भूमि के नीच।
यह लो रख लो अपने पास ये कुछ सुर्जमुखी के बीज।
यह उस पौधे के बीज हैं जिन्हें मैंने बड़ा किया था अपने
रक्त से सींच।
प्रथना करूँगी मैं यह उगे तुम्हारे कलेजे को चिरता हुआ
एकदम बिचो बीच।
यह सुर्जमुखी श्रधांजलि है मेरी तुम्हारे भावी लाश को,
और यह अंतिम उपहार है मेरे देश को,
प्रकृति को, इतिहास को।

29. दुर्गति तो होना ही है हर गति

बहुमुखी, बहुचर्चित वक्ता,
और साथ हैं उसके बहरूपिया नायक,
चढ़ टीले से चिंघाड़ रहे बन कर गायक।
दूर खडा सब देख रहा वह,
चाहता की कह दे चुप हो जा बेसुरा नालायक।
पर लोकतंत्र यहाँ रोक नहीं सकता वह बोलने से।
पर लोक भी तो स्वतंत्र हैं,
कौन रोक रहा है उसको बहरूपियों का भेद खोलने से।
अपने विवेक के तराजु पर हर बात सौ बार तोलने से,
भूसे में गिरा सुई मिले या ना मिले,
पर तिजोरी में छिपाया, दीवारों में जड़ा,
या आंगन खोद कर पाताल में हो गड़ा,
सत्य हमेशा मिल जाता है टटोलने से।
वक्ता भक्ता या तख्ता,
कोई नहीं रोक सकता तुमको सत्य बोलने से।
बहुयामि, बहुमति संगति में,
दुर्गति तो होना ही है हर गति।
पर बेसुरे, बहरूपिये, नर्घटि,
टीले से चिंघाड़ कर ही मार लेते हैं मति।
है लगा नामों के आगे,

सुर वीर, बलवान, बाहुबली, महारथी,
ये वही हैं जो पकड़ लंगोट,
धर सर पर खडाऊँ भाग चलते हैं सबसे पहले
जब भी निकट आता है वीरगति।

30. क्या लगता है?हे नरेश

लंगड़ों के देश में,
घोड़ा लाया जा रहा है।
लोहारों से सोने का कोड़ा बनवाया जा रहा है
स्वरस्वती जिनकी आराधना होती थी,
वो व्यापार मात्र बन चुकी हैं।
मरोड़ दिया गया है, जनता की गर्दन नहीं झुकी है।
चरित्र जिनके स्वयं ही दूषित,
उनसे देश के भवियों को,
संस्कार सिखवा जा रहा है।
उभरते देश के नव भगत को,
विद्रोही बताया जा रहा है।
मुस्कान लिए इस मुखमंडल तले,
सच कहो कितने भेद छुपा रहे हो।
शब्द कठोर मैं और भी लिख दूँ,
तुम सहन ना कर सकोगे।
परंतु सत्य कहता हूँ, हे राजन,
लक्षण तुम्हारे उचित न लगते,
प्रशन करू कुछ भी तुमसे,
जानता हूँ, तुम मिथ्या ही बताओगे।
पर क्या लगता है? हे नरेश,
तुम कब तक अपनी क्षुद्रता छुपा पाओगे?

31. भग्न भँवर में

रही रही झांके किरनिया,
लुक छुप लुक छुप जाए कंबल में।
फैलाने को प्रकाश जग में,
उज्वाला के सफर में।
राह बदरिया, ताने कमरिया,
बैठे ठाट लगा डगर में।
अंधकार से भरा जीवन,
प्रकाश के शहर में।
खिच- तान, ऊंच- नीच,
होत रोज़ सफर में।
लुक- छुप, लुक- छुप बंद होत,
सूर्य चले विलोपन को,
हृदय हाथ रख सिहराये मन,
कलेजा नहीं जिगर में!
मुह झुकाए बैठे बबुआ,
फँसे भग्न भँवर में।

32. गाज आप पर भी

महाराज,
ग्लानि के अभिनय में,
अज्ञ का भाव ढेर है।
परिभाषा धर्म की लिखने वाले,
धर्मगुरु कुबेर है।
सेवा और स्वार्थ में,
मति का बस फेर है।
दोष आपका भी दिखेगा प्रभु
तनिक धैर्य रखो अभी देर है।
अवरुद्ध प्रज्ञा जग अंधेर,
नयन खुले सवेर है।
जनकल्याण के नाम पर,
हुआ जो उलट फेर है,
गाज आप पर भी गिरेगा स्वामी,
तनिक धैर्य रखो अभी देर है।

33. क्या फर्क पड़ता है

एक बड़ी मोटी और गहरी लकीर खींच दी गयी है,
रोकने के लिए, समेटने के लिए, बांधने के लिए, लपेटने के
लिए।
बौराये कुत्ते खुले छोड़ दिये गए हैं,
उन्हें बौराह कहने पर धर चपेटने के लिए
पाखंड और गधा हेकों- हेकों की प्रथा बना दी गयी है।
और दिमाग से कह दिया गया है आँख -कान
बंद कर कालजयी निंद्रा में सोने के लिए,
और कुछ मद-लीन, मतहीन, नामचीन आत्माओं को
भटकने का आदेश जारी किया गया है, जेही -तेही को जबे
-तबे थपेड़ने के लिए।
और तो और उड़ती हुई खबर आई है की लाठी डंडे सारे
हथकंडे अपना कर,
गाली, गुंडे,मवाली शामिल कर दिये जायेंगे प्रस्तावना
नामक नाव में,
और जो झीझुआयेंगे, गुरनायेंगे, अंसायेंगे वे धकेल दिये
जायेंगे कपरफोड़वल के बहाव में,
और इस तरह धूर्तता की व्याख्या की जायेगी नवयुग के
श्रेठ स्वभाव में।
क्या फर्क पड़ता है की आज भी किसी के सिर के बाल
तक बिक जाते हैं किसी लकड़सावर, पढे- लिखे- गंवार
द्वारा दिये दहेज के दबाव में।

क्या ही फर्क पड़ता है अगर कोई रगड़ रहा हो नमक कुरेद
किसी के घाव में।
अब क्या जरूरत है प्रेम की किसी से लगाओ में?
क्या जरूरत शालीनता की आव भाव में!
दाँत -चिहार हँसते क्यों नहीं तुम भी,
डूबे रहते हो किस तनाव में।
क्यों भला उनके आँखो में आँखे डाल सच बोलना लोट
जाते हैं न धुर में,उनके पाँव में,
क्यों बेवजह धूप में जलना, आराम से बैठते हैं न नाग के
फन की छाँव में।

34. अंधकार नहीं लिखता

अधिकतर,

अंधेरे में ही बैठ कर लिखता हूँ मैं,

पर मैं अंधकार नहीं लिखता,

मैं अन्हारे से अंधेरे पर प्रकाश डालता हूँ।

प्रकाश डालने से मेरा यह तात्पर्य नहीं की मैं सूर्य का रथ

संभालता हूँ।

मैं यह भ्रम नहीं पालता,

नाहीं इसका दावा करता हूँ।

पर मैं अपने शब्दों के आँच से रक्त उबालता हूँ,

उनके रक्त, जिनका हृदय काला पड़ चुका है,

दिमाग की सारी नसें सुख गयी हैं,

जिसके कारण वे सब देखते हुए भी अंधे हो चुके हैं।

हाँ, निसन्देह मैं अपने शब्दों के आँच से उनका रक्त

उबालता हूँ।

और फिर उनके काले हृदय और सूखे माथे को निचोड़ कुछ

प्रश्न निकालता हूँ,

मैंने कहा न मैं अंधकार नहीं लिखता मैं अंधेरे पर प्रकाश

डालता हूँ।

प्रकाश डालने का अर्थ यह बिल्कुल नहीं की मैं अंधकार की

बात टालता हूँ।

अर्थात मैं बातों को रजाई नहीं ओढ़ाता,

मुझे बोलना पसंद नहीं,

पर मैं बोलने से मुँह भी नहीं चुराता।
बंद पड़े कंठों में आवाज़ डालने की कोशिश
करता हूँ, मस्तकों में आँख डालने की कोशिश,
मैं कभी नहीं करता किसी के आत्मा पर राख डालने की
कोशिश।

35. युद्ध जहाँ मानवता जीत रही है।

दिन गोली के धुन में, रात रुदन के सुर में बीत रही है।

चीखती - चिलाती- छटपटाती ध्वनियाँ गूंज रही हैं,

जिनका इस हुजूम में अब कोई मीत नहीं है।

जो प्रिये वह छीन जाते हैं यही तो युद्ध की रीत रही है,

पर देख रहा हूँ मैं यह विचित्र युद्ध जहाँ मानवता जीत रही है।

तानाशाही ताकतों से सारे लोकतंत्र पीट रहे हैं,

खुदको सुरमा कहते फिर रहें हैं वे जो कल तक नाली के किट रहे हैं।

सभ्य नहीं जो खुद वे सभ्यता सिखाते वही जोखुद आजीवन थेथर- लंगे -ढीठ रहे हैं।

जो स्वयं की नीचता सिद्ध करने को जन पर किरशन छिट रहे हैं,

पर अडिग हैं कुछ मानव महान जो उनके मिटाये नहीं मिट रहें हैं।

नमन उन सभी को जो इस दुर्गति के छन में संगति का हाथ बढ़ा रहे हैं,

द्वार खोल अपना हमदर्दी जता रहें हैं,

और उन बहादुरों को भी जो तनिक नहीं घबरा रहें हैं,

सहर्ष आगे बढ़ अपनी वीरता दिखा रहे हैं,

धन्य हैं वे सभी मनुज जो मानवता को जीता रहें हैं।

36. खिड़की की जालियों से

यहखिड़की की जालियोंसे,
जो धूप छन कर आ रही है।
क्या कोई आशा की किरण है?
या यह मेरे कैद होने के आभांस को बढ़ा रही है।
ये बारंदे में रखे गमलों में लगी जो हरियाली है,
क्या यह उस विश्वास, उर्वरता, समृधि को अंकित रही है,
या यह जकड़ी हुई हरियाली दर्शा रही है
की किस तरह धरती की छाती चीर
अथाहमाटी, खुले आकाश,धूप और वर्षा के आदि
ये पौधे ये फुल किस तरह एक गमले भर माटी को
अपना भाग्य और अपनी सीमा मान सिमट कर
रह जाना स्वीकार कर चुके है।
इन खिड़की की जालियों के बाहर जो ये नीला गगन
छाती ताने अपनी विशालता दिखा रहा है।
समझ नहीं आता की ये मेरे अंदर
एक आश को जगाना चाह रहा है,
क्या ये कह रहा है की देखो तुम सीमित नहीं हो,अकेले
नहीं हो
या कहीं ये छाती फैलाये फन ताने अपनेविशालता से
डराना चाहता है मुझे।
इसमें ये उड़ते पक्षी इनकी स्वतंत्रता बड़ा लुभाती है मुझे,
पर क्या ये सच में पूर्णतः स्वतंत्र है भी

या यहकिसी मोह मे किसी खास स्थान से
किसी तरह बंधे हुए है?
परंतु क्या जो बंधा है वह स्वतंत्र नहीं
और क्या स्वतंत्रता बांधती नहीं?
क्या मात्र बंधनों से मुक्त हो जाना ही स्वतंत्र हो जाना है?
ऐसे खिड़की से छन कर आती धूप
को देख कई तरह के प्रश्न है
जो अंतः मन को कुरेदनेलगतेहै,
कई तरह के विचारों की उठा पटक शुरू हो जाती है।

37. वो जो सिर्फ एक मध्यम था

कल स्वर्णिम किरणों के धरातल पर
पड़ने के साथ ही मुरझाये कुसुम फिर खिल उठेंगे,
केश विहीन हो चुके वसुंधरा पर बरसात की
पहली बूंद पड़ते ही घने दुर्बा फिरसे लद आयेंगे।
लाल पड़ चुके सभी नहर, नाले, नदियां,
कुछ समय पश्चात फिरसे वापस अपना रंग धारण कर
लेंगे।
वातावरण में फैले इस गंध के हटते हीं,
प्रलय के उग्र काले बादलों के छटते हीं,
पेड़ जिनकी पत्तियाँ झड़ गयीं हैं,
टहनीयां टूट गयी हैं,
शायद वह एक नय सिरे से उग आये वसंत के आते हीं।
और पेड़ों के हरियाते हीं,
पंक्षी जो धमाकों के आवाज़ से हदस कर भाग गए हैं,
शायद वे भी लौट आयें।
और यह विनाश भी रुक ही जाएगा, अहम की पूर्ति के
बाद।
पर वो जो सिर्फ एक मध्यम था,
एक निष्ठुर व्यक्ति के करुणाविहिन स्वार्थ की पूर्ति का,

मेरा कौतूहल है की यह सब समाप्त होने के बाद उसका
क्या होगा,
क्या यह उसके लिए भी इतने सरलता से समाप्त हो
जाएगा,
और यदि हो जाएगा तो क्या उसके मानव होने पर
प्रश्नचिन्ह नहीं लगेगा।
संभव है की लौटते वक्त अपने साथियों का उत्साह और
विजय का हर्ष देख वह ध्यान न दे,
पर एक बार अपने बटालियन के साथ सभी छावनी पहुँच
जाएंगे और फिर जब अपने अपने घरों की ओर निकलेंगे
तो बस अड्डे तक पहुँचते हुए और बस में बैठने के कुछ
देर बाद तक, एक उमंग,एक उत्साह रहे अपने घर जाने की
अपने लोगों से मिलने की, पर अचानक कंडक्टर आ कर
टिकट मांगेगा और ख्याली पुलाव बनता अचेत मन
वापस सचेत हो जाएगा, अब ध्यान बस में हो चुके भीड़
पर पड़ेगा और फिर भीड़ से अकुआ कर वह खिड़की के
बाहर देखने लगेगा, पर इस बार खिड़की के बाहर उसे एक
सजिला नवयुवक दिखता है, वह बस को हाथ दे कर रोकने
का इशारा करता है और बस अपने तेज गति में होने के
कारण कुछ दूर आगे बढ़ कर रुक जाती है, वह एक बड़ा
सा बैग लिए दौड कर आता है और चढ़ता है, थोड़े बड़े
हल्के घुंघरैले और उलझे बाल, बड़ी भूरी आँखे और तीखे
नाक नक्शे, हस्ता हुआ फोन पर कहता है "बस और आधे
घंटे में पहुँच रहा हूँ माँ", शायद वह बड़े दिनों बाद घर जा
रहा है, हाँ वैसे भी आज कल काम और पढाई के चक्कर
में घर रह ही कौन पाता है, कुछ दूर आगे बढ़ते हीं एक
जोड़ा और बस में चढ़ता है, उन्हें देख कर जान पड़ता है की

नवविवाहित है, वरना कौन विवाहित लोग हैं जो विवाह के समय हो जाने के बाद भी रास्ते भर दाँत चिहार कर बक बक करते रहे, कुछ देर बाद जब बस शहर में पहुँचती है तो कुछ बच्चे स्कूल के कपड़ों में चढ़ते है,जाहीर सी बात है की वे भी घर जा रहे हैं छुट्टी के बाद, उनमें से एक है जो खूब हवा बना रहा है और बाकी उसके टोली के सभी खूब आनंद में मंत्रमुग्ध हो उसकी बातें सुनते हैं।

अचानक बड़ी तेज आवाज़ आती है कुछ और बस धक से रुक जाती है, ड्राईवर स्टेयरिंग् पर उलट जाता है, कुछ लोग बस में दाखिल होते हैं और धड़ा- धड़ गोलियां चलाने लगते हैं, और पलक झपकते हीं लासों का ढेर लगा देते हैं,नव जोड़े से ले कर बच्चे तक सभी की लीला समाप्त कर देते हैं, वह बच गया है वही भूरी आँख बड़े घुंघरैले उलझे बाल वाला लड़का, बंदूक धारियों में से एक आगे बढ़ता है लड़के के सर पर बंदूक रखता है और तभी किसी का हाथ खिड़की से बाहर स्वप्न विलीन पूर्व बंदूकधारी मध्यम के कंधो पर आता है, साहब आपका जगह आ गया, वो बस से उतरेगा और उस बस में देखे भयावह स्वप्न को सोचते हुए बढ़ेगा घर के तरफ और तभी एक आदमी को पीछे से कुछ लोग जो एक जैसे कपड़े पहने हुए हैं वो बाएँ घुटने में गोली मारते हैं और मिनट भर में उनमें से एक धड़ा धड़ा पीछे से गोलियां चला सीना छलनी कर देता है, अचानक बस वाले स्वप्न को सोचता हुआ नया दृश्य दिमाग सामने आ जाने पर वह बोल उठेगा भूतपूर्व बंदूकधारी की "नहीं मैंने नहीं हत्या की"।

शायद वह व्यक्ति जिसके पैर में गोली मारी गयी वह दफ्तर से घर को जा रहा था,

इन दृश्यों के बार बार सामने आने से परेशान,
वह घर को पहुचेगा और गेट खुलते हीं उसकी बेटी दौड
आती है पापा पापा करते हुए,
शायद उसकी भी बेटी ऐसे ही आती जिसके घुटने में गोली
लगने पर गिरे उसके बैग से एक गुड़िया निकल बिखर
गयी थी।
यह विचित्र कौतूहल है क्या वह जो कुछ समय पहले तक
बंदूकधारी होने पर गर्व करता था अब उम्र भर इसी तरह
के दृश्यों का गुलाम बना रह जाएगा?
क्या अब वह खाने बैठेगा तो उसे वहाँ भी यही दृश्य
दिखेगा की उस रोज़ भी वे लोग ऐसे ही बैठे थे खाने के
टेबल पर जब इसने अचानक से घुसपैठ कर उन्हें भून
दिया था।
क्या इसी तरह के ग्लानि और आत्म लांछन लिए वह ता
उम्र बेचैन रह जाएगा।
पर क्यूँ उसने तो मातृभूमि के लिए किया जो किया?
या शायद मातृभूमि के नाम पर किसी सनकी दुर्बुधि के
बहकावे में।
खैर मेरा कौतूहल है की उस सनकी के स्वार्थ पूर्ति के
समाप्त होने के बाद उसका क्या होगा जो सिर्फ एक
मध्यम है।
क्या यह उसके लिए भी इतने सरलता से समाप्त हो
जाएगा,
मुझे नहीं लगता की यह इतना सहज है,
और यदि इतने सरलता से समाप्त हो जाएगा,
तो क्या उसके मानव होने पर प्रश्नचिन्ह नहीं लगेगा।

तो क्या उसकी आत्मा उस पर हत्या का आरोप नहीं
लगायेगी?
क्या वे लोग जिनके लोगों को इसने मारा है,
भले दूसरे के आदेश पर किया हो पर किया तो इसने ही
है,
उन्होंने तो इसे ही देखा है,तो क्या वे इसे दोषी नहीं
ठहरायेंगे?
अपने, पिता, माँ, भाई, बहन, बेटे, बेटी, पत्नी, दोस्त,
साथियों का हत्यारा नहीं बतायेंगे?
क्या वो उन्हें भूल पायेगा?
क्या वे उसे उसे भुलायेंगे?
यह बस मेरी कतुहलता है,
जो व्याकुल हो रही है,
मानवता को धीरे धीरे मरते देख।

अभिनव उपाध्याय, साहित्यिक उपनाम अभिनव प्रकाश के नाम से लिखते है। वे यूनिवर्सिटी ऑफ कलकत्ता (कलकत्ता विश्वविद्यालय) के बंगाबासी कॉलेज में समाजशास्त्र के प्रथम वर्ष के छात्र है। बिहार के भोजपुर जिले के रहने वाले अभिनव,

एक दसक से भी अधिक से बंगाल में प्रोफेशनल क्लब क्रिकेट खेलते हैं। उन्होंने साथ ही मार्शल आर्ट में भी डिग्री हासिल की है।वे कविताएँ,गीत, कहानियाँ और समाज की नीतियों, रीतियों पर आलोचनात्मक लेख लिखते है।

"क्रांति बम और पिस्तौल का पंथ नहीं।"
~ भगत सिंह